L'AMANT RIVAL,

COMÉDIE-VAUDEVILLE,

EN UN ACTE;

De MM. PELLETIER et FRÉDÉRIC.

Représentée, pour la première fois, à Paris, sur le Théâtre des Jeunes-Artistes, rue de Bondy, le 29 Floréal an XIII.

A PARIS,

Chez MALDAN, au Dépôt de Pièces de Théâtre, anciennes et nouvelles, rue de la Grande-Truanderie, N°. 11.
Et chez

M. DCCC. VI.

PERSONAGES.	ACTEURS.
BELMONT, oncle et tuteur d'Hortense.	M. Delpech.
HORTENSE, amante d'Armand.	Mlle. Hortense.
DERVILLE, jeune officier, sous le nom d'Armand.	M. Noël.
COCASSE, domestique niais, attaché au service de Belmont.	M. Hypolite.
Un VALET de M. Belmont.	

La Scène est, à Paris, chez M. Belmont.

Le théâtre représente un Salon ; à gauche, un Cabinet ; à droite, une Croisée, près de laquelle est un Paravent.

AVIS.

Il n'y a d'Edition avouée par l'Auteur, que celle dont les Exemplaires sont signés par les Editeurs, qui poursuivront les contrefacteurs, conformément à la loi.

L'AMANT RIVAL,

VAUDEVILLE.

SCÈNE PREMIÈRE.

HORTENSE, *brodant au tambour*, COCASSE, *un Plumeau à la main.*

COCASSE, *à part.*

JE voudrions ben être sorcier, pour savoir ce que la nièce de not' maître pense. (*il rit.*) Ah, ah, ah, comme je serions savant !.... Je pensons à une chose, ce jour que not' maître avait un concert chez lui, et que mam'selle parlait toujours à un jeune officier.... je suis sûr que c'est ça qui lui trotte dans la tête !.... c'est qu'un jeune militaire tourné comme celui-là, fait un fier désastre dans l'imagination d'une jeune fille de quinze à seize ans. Je me rappelle que je la vois souvent à cette fenêtre, parler toute seule, que vl'à. Je l'y surprendrai, c'est sûr, je l'ons promis à not' maître. Ma ch'mère a ben fait en me créant un garçon d'esprit, j'en conviens, c'est même l'avis de tous ceux qui ne m'ont jamais vu ; mais ça n'empêche pas que je ne savons rien, et v'là ce qui me subjugue.

HORTENSE, *se retournant.*
Je suis toujours surveillée !

COCASSE, *à part.*
Ah ! v'là qu'elle parle ! j'allons tout savoir, ayons l'air de faire le job.

HORTENSE.
Je ne comprends rien à la conduite de mon oncle.

COCASSE, *à part.*
V'là ce qui la chiffonne.

HORTENSE.
Quelle résolution précipitée ! me marier sans me donner seulement le tems de réfléchir !

COCASSE, *à part.*
Comme si les femmes réfléchissaient.

HORTENSE.
Me marier ! et avec qui ?

COCASSE, *à part.*
Ah ! v'là le tuyautem.

HORTENSE.

Cher Armand! faudrait-il renoncer au doux espoir que mon cœur avait formé.

COCASSE, à part.

Armand! c'est le benjamin.

HORTENSE.

Comment lui apprendre cette fatale nouvelle?

COCASSE, à part.

Il paraît qu'elle est lugubre.

HORTENCE.

En vérité, il est bien désagréable d'obéir à un oncle pour former l'engagement d'où dépend le bonheur ou le malheur de notre vie.

COCASSE, à part.

Oh! ça c'est vexant, elle a raison.

HORTENSE.

Air: *Du partage de la richesse.*

Toujours, en fait de mariage,
Il faut consulter son tuteur :
On ne peut pas, selon l'usage,
Se marier selon son cœur.
Ah! par quelle bizarrerie,
Pour former un lien si doux!
Quand c'est la nièce qu'on marie,
C'est l'oncle qui choisit l'époux.

COCASSE, à *Hortense.*

Eh ben, Mam'selle, moi, je pense tout de même que vous, sur...

HORTENSE.

Sur quoi?

COCASSE.

Sur quoi?... ma foi, sur ce que... sur ce qui... enfin sur ce qui vous fera plaisir, si j'en étais capable.

HORTENSE.

Allons, fais ton ouvrage, imbécile, et va-t'en

COCASSE.

Ah! par exemple, Mam'selle, sur ça, je ne pensons pas de même. Vous dites comme ça que je sommes un imbécile, moi, je dis que non; vous voudriez que je partasse, ce que je ferais si votre oncle ne m'avait recommandé que je ne vous quitisse point, et que je vous surveillise, sans que vous puissassiez le savoir.

HORTENSE.

Tu n'ès qu'un sot, et je voudrais bien que tu te mêlasses de tes affaires, plutôt que de me venir importuner.

COCASSE.

Ah! Mam'selle, mêlasses tant que vous voudrez; je vous parle raison, et vous me répondez confiture.

HORTENSE.
Le nigaud.
COCASSE.
Soyez paisible, Mam'selle, je vaux mon homme; je ne sommes pas de la Champagne pour des noyaux de pêches: c'est un pays ous'que tout est bon; les hommes primo, les femmes, secondo, ce qu'est ben plus rare, et troiso, le vin: ah! c'est le vin, sur-tout, qu'est mousseux et pas bête.

Air: *De M. Guillaume.*

Désire-t-on que la gaité
Chasse les pleurs et la tristesse ?
Le vin de Champagne est vanté
Pour faire naître l'allegresse.
S'il fait oublier le chagrin,
Je crois, dans le siècle où nous sommes,
Qu'on peut dire que notre vin
A plus d'esprit que bien des hommes.

SCENE II.

HORTENSE, COCASSE, DERVILLE, *il a la lévite d'un domestique.*

HORTENSE.
Que vois-je! vous ici, Armand?
DERVILLE.
Ma chère Hortense, ce n'est pas sans peine; mais rien n'est impossible à l'amour.
COCASSE, *à part.*
Tiens, je connais ce visage-là; c'est sûrement le sujet de la mélancolique à Mam'selle Hortense. Ecoutons.
HORTENSE.
Imprudent! qui a pu vous engager à cette démarche inconsidérée? parlez bas, on nous écoute.
DERVILLE.
La crainte de vous perdre, quelques mots d'un mariage prochain m'ont alarmé; j'ai desiré m'éclaircir, l'entreprise était difficile; mais enfin j'ai réussi, je vous vois, et je suis bien dédommagé de mes peines.
COCASSE, *à Derville.*
Ah! que c'est indécent de parler bas de soi, à une demoiselle, devant moi. Est-ce que vous la connaissez, pour lui parler comme ça en manière?
HORTENSE, *bas, à Derville.*
Tâchez de l'éloigner.
DERVILLE.
Oui, mon ami, cela te fait-il plaisir?

COCASSE.

Ah! par exemple, Monsieur, v'là une honnêteté de votre part, et je voudrais dire que non, que je dirais que oui ; mais, cependant, je vas aller demander à M. Belmont, not' maître, s'il veut que vous roucouliez ensemble comme une colombe et un sansonnet.

DERVILLE.

Non, garde-t'en bien, il te chasserait.

COCASSE.

Bah! bah! en m'excepliquant d'une manière.... là, d'une manière à moi connue.... il n'y a que moi qui la connaisse c'te manière là, car il dit toujours c'est du Cocasse tout pur, jugez du reste de mon raisonnement.

DERVILLE.

Ecoute moi.

COCASSE.

Eh ben, je vous écoutons.

DERVILLE.

D'abord, mon ami, je te dirai que je suis sous ta protection ; que j'ai dit à M. Belmont que j'avais l'honneur de connaître beaucoup M. Cocasse, du pays de.... de....

COCASSE.

De la Champagne.

DERVILLE.

Précisément, et que je venais t'apporter des nouvelles de ta mère.

COCASSE.

Si c'est possible ?

DERVILLE.

Très-possible.

COCASSE.

Ah! ça, mais, dites-moi donc comment il se fait que vous ayez vu ma mère, elle est morte l'été passé au carnaval.

DERVILLE, *lui donnant une bourse.*

Tu ne vois pas que c'est un conte que je lui ai fait pour m'introduire dans la maison

COCASSE.

Mais, Monsieur, ce conte là fait ben mon compte (*à part*) c'est l'officier ! c'est l'officier ! (*haut*) ça n'empêche pas que c'était une jolie femme, et qu'a fait un joli garçon; car je suis tout son portrait pour la beauté : c'est pas à cause que je suis là que je dis ça, je n'y serais pas que je le dirais tout de même. Il était juste qu'elle me créât intéressant, je suis son fils unique, elle s'est bornée à moi. Je m'appelle Cocasse, parce que c'est le nom de ma mère, et qui vient du grec *coco*, et c'est tout simple, elle a été élevée dans la Grèce même; elle était cuisinière d'un Gréçois. (*On sonne*.) Ah! mon dieu! on m'appelle, c'est dommage, car vous alliez savoir de jolies choses touchant la minéralogie de ma famille.

DERVILLE.

Tu nous conteras cela dans un autre moment. Ne dis pas que tu m'as vu.

COCASSE.

Non, j'aime bien mieux qu'il vous surprenne ensemble, pour voir la surprise et l'étonnement. (*il sort.*)

SCENE III.
DERVILLE, HORTENSE.

DERVILLE.

Oh ! je ne l'attendrai pas.

HORTENSE.

A quoi vous exposez-vous ?

DERVILLE.

A rien absolument.

HORTENSE.

Mais, mon oncle....

DERVILLE.

Est en ce moment occupé dans son cabinet.

HORTENSE.

Qui vous a introduit ?

DERVILLE.

Le jardinier de la maison.

HORTENSE.

Je tremble....

DERVILLE.

Ne craignez rien ; les momens sont précieux, hâtons-nous d'en profiter.

HORTENSE.

Que voulez-vous de moi.

DERVILLE.

Un seul mot. Ce que l'on m'a dit de votre mariage....

HORTENSE.

Est vrai.

DERVILLE.

Et vous connaissez, sans doute, l'époux qu'on vous destine ?

HORTENSE.

J'ignore son nom ; je crois seulement qu'il est en garnison à Rouen.

DERVILLE.

A Rouen !.... il me vient une idée.

HORTENSE.

Quelle est-t-elle ?

DERVILLE.
Brouiller votre oncle avec votre futur.

HORTENSE.
Comment y parviendrez-vous ?

DERVILLE.
En lui supposant un mariage secret.

HORTENSE.
Qui l'apprendra à mon oncle ?

DERVILLE.
Une lettre que j'écrirai moi-même, et que je me charge de lui faire parvenir.

HORTENSE.
Il n'y croira pas.

DERVILLE.
Pourquoi ? un militaire vif, ardent, impétueux, devient amoureux d'une jeune beauté ; il en est payé de retour ; mais, les parens s'opposent au mariage : il enlève son amante, tue son rival, se marie secrettement ; oh, mon dieu, cela se voit tous les jours ; et puis l'inconstance est si naturelle....

HORTENSE.
Aux hommes.

DERVILLE.
Ils ne peuvent plus l'être dès qu'ils ont vu Hortense.

Air : *Du Vaudeville de la Revue de l'an 6.*

Je puis vous jurer sans détour,
O ma douce, ô ma tendre amie !
Qu'avant de perdre mon amour,
Je quitterai plutôt la vie.

HORTENSE.
Messieurs, vous oubliez bientôt
De tels sermens, c'est l'ordinaire ;
Si l'on voulait vous prendre au mot,
Il faudrait dépeupler la terre.

DERVILLE.
C'est être trop sévère.

HORTENSE.
Ah ! mon dieu ! je crois entendre mon oncle.

DERVILLE.
Fausse alarme ; mais, je n'ai qu'une minute à rester : Cocasse va, sans doute sonner le tocsin chez M. Belmont, et...

HORTENSE.
Vous avez raison, fuyez.

DERVILLE.
Promettez-moi que vous ne vous opposerez point à mon projet.

HORTENSE.
Que dira mon oncle, lorsqu'il connaîtra la vérité ?

DERVILLE.

L'amour m'excusera. D'ailleurs, si je vous aimais moins...

HORTENSE.

Hé bien! ne m'aimez-pas tout à fait tant, j'y consens; cela vous exempte de tromper mon oncle; il est si bon, vous le connaissiez.

DERVILLE, à part.

Charmante naïveté! (haut) est-il possible, Hortense, de ne vous aimer que comme l'on veut?

Air : *Du Vaudeville de l'Intrigue sur les Toits.*

Un cœur peut-il être volage,
Lorsque de vous il est épris?
Par-tout votre charmante image
Séduit, enchante mes esprits.
N'exigez point d'obéissance,
Ou sachez défendre en ce jour,
Quand vous prêchez l'indifférence,
A vos yeux d'inspirer l'amour.

HORTENSE.

On vient, sortez, vous dis-je,

DERVILLE.

Je me sauve; ce soir, dans le jardin, trouvez-vous à votre fenêtre. (*il sort.*)

HORTENSE.

Non, Monsieur, je ne veux pas; il est déjà bien loin. (*elle prend un livre et s'assied.*

SCENE IV.

HORTENSE, lisant COCASSE, *pleurant tenant un gillet d'une main, et une brosse de l'autre.*

COCASSE.

Ah! que c'est sciant! ah! que c'est sciant! mon dieu! que c'est sciant!.... C'est qu'il croit ça, le papa; il croit qu'on peut surveiller une fille amoureuse, quand on est tarabusté comme il me fait.

HORTENSE, à part.

Encore cet imbécile!

COCASSE, *tirant son mouchoir, laisse tomber un livre.*

C'est que j'en étouffe, moi, je pleure, qu'on dirait le déluge.

HORTENSE.

Quel est ce livre que tu laisses tomber?

COCASSE, *le ramassant.*

Mam'selle, vous êtes bonne; oui, vous êtes bonne, à ce qu'on dit. Ce livre... c'est pas vot' oncle, qu'est bon. Ce livre, c'est un roman nouveau, du tems d'Henri quatre, qui s'appelle : *l'Innocence persécutée*, que j'ai découvert dans le garde-manger.

HORTENSE, *à part.*

Tâchons de savoir s'il a parlé d'Armand. (*haut*) Dis-moi, mon petit Cocasse.

COCASSE.

Ah! Mam'selle, Cocasse; oui, mais : petit, non : vous avez l'air de me prendre pour un jeune adolescent.

HORTENSE.

Que t'a dit mon oncle, au sujet du jeune homme que tu as vu ici?

COCASSE.

Ah! mon dieu! où avais-je la tête, je n'avons pas pensé à le lui dire : aussi, c'est sa faute; il avait sonné deux fois; il était colère, emporté, rouge, comme une soupe au lait. Monsieur, lui dis-je, pus-je venir plutôt : imbécile, me répond-il, te payé-je pour me fendre la tête. Eh! vous la fends-je, monsieur, lui répliqu'as-je, à l'impromp-tu, fainéant, vaurien; je te chasserai, tu ès un mussard. Je vous demande, mam'selle, si c'est une sottise qu'il m'a dites-là.

Air : *D'Arlequin Afficheur.*

Je ne crois pas que ce nom-là,
Pour Cocasse, soit une injure,
Et tout homme d'esprit sera
De mon avis, la chose est sûre.
Je connais un certain Picard,
Qui me fournira mon excuse :
On dit qu'en voyant son Musard,
Tout le monde s'amuse.

HORTENSE.

Et tu ne lui as rien dit?

COCASSE.

Ah, mon dieu, non; mais, je m'en vas tout lui dire; il n'y a pas de tems de perdu.

HORTENSE.

C'est inutile. Dis-moi, mon ami, tu sais que je suis curieuse?

COCASSE.

On sait que mam'selle est de son séque.

HORTENSE.

Le titre de ton roman me pique.

COCASSE.

Oh! ça ne m'étonne pas; il est joli, le titre : *l'Innocence persécutée....* Tenez, en quatre mots, je vais vous en dire le sujet. Assisez-vous; v'la que m'y v'là. Ecoutez ben ce passage effrayant, que je sais par cœur. C'est l'amante du livre qui parle : (*imitant la voix d'une femme*) « Hélas ! faut-il que je passe des jours sereins dans un cachot lugubre et sans lumière. » Voyez-vous mon à-plomb à vous réciter ça ?

HORTENSE

C'est touchant.

COCASSE.

Je le crois ben ; mais, vous n'y êtes pas ; si je continue, je veux vous faire tomber de Charibde en Silla. (*On sonne.*)

HORTENSE.

Mon oncle t'appelle.

COCASSE.

J'y vas tout à l'heure ; attendez que je finisse ma tirade. Le tyran arrive, et puis, il lui dit comme ça « *Je suis fatigué, madame, de courir, il faut que je m'arrête pour m'expliquer. Vous voyez ce poignard, il est coupant, si vous voulez ; choisissez : me voulez pour votre époux ?* ». A ces mots, l'Innocence lui répond : « *Ne vous prévaloisez jamais de cela, barbare ; allez, et laissez-moi mourir.* » Alors... (*il pleure*) Tirez vot' mouchoir, Mam'selle, pour éponger vos sanglots ; alors, redis-je, voilà le féroce inhumain qui lui plonge son cœur dans son poignard. Ah ! mon dieu ! que c'est triste ! j'en pleure comme une bête, mam'selle. (*On sonne.*) Allons, il faut qu'il me trouble à l'endroit le plus sensible. Tiens, vous ne pleurez-pas ?

HORTENSE, *riant aux éclats.*

Ah, ah, ah, ah ! (*On sonne.*)

COCASSE.

Ah ! mon dieu ! quel tapage fait not' maître ! Tiens, le v'là, qui vient tout clochant, la sonnette à la main.

SCENE V.

HORTENSE, *lisant*, COCASSE, et BELMONT, *une sonnette à la main.*

BELMONT.

Tu ne veux donc pas venir, quand on t'appelle ?

COCASSE.

Là ! faites les choses au naturel, on a encore tort. D'abord, je suis venu brosser votre veste, auprès de m'amselle, qui était pleine de poussière, pour lui tenir compagnie ; comme vous me l'avez dit, avec une brosse. (*Belmont lui fait signe.*) Non, on ne fait rien, on avalle de la poussière, on déclame, on pleure : voyez, comme j'ai les yeux rouges.

BELMONT.

C'est bon, imbécile.

COCASSE.

Imbécile, imbécile !.... vous voulez-donc, not' maître, me faire fliger le sang que j'ai sur l'estomac, pour me rendre tout-à-fait insignifiant.

BELMONT.
Indigne bavard, te tairas-tu?

COCASSE.
Enfin, vous avez raison, c'est moi qu'a tort.
(*Ici Cocasse, un livre à la main, va s'asseoir nonchalamment dans un fauteuil.*)

HORTENSE, *à part.*
Je tremble qu'il ne l'instruise!

BELMONT, *à part.*
Comme la voilà tranquille! (*haut*) tu parais bien occupée, Hortense?

HORTENSE.
Ah! pardon, mon oncle, je....

BELMONT.
Que lis-tu là? un roman! vous savez bien, Hortense, que je ne les aime pas.

HORTENSE.
Je vous jure que....

BELMONT.
N'importe; sais-tu ce qui me conduit près de toi?

HORTENSE.
Non, mon oncle.

BELMONT.
Je te dirai, ma chère Hortense.... (*appercevant Cocasse.*) Que fais-tu-là? tu sais que je n'aime pas qu'on m'écoute.

COCASSE.
Ah! par exemple, not' maître, vous voyez à gauche, car, certainement, je ne vous écoute pas; je lis, tout seul, un roman, tout noir de chagrin.

BELMONT.
Encore un roman! ah! je jetterai au feu tout ces livres là.... Allons, laisse-nous.

COCASSE.
Je le veux bien, not' maître; mais vous aurez beau dire, je ne brûlerai pas mon innocence, je n'ai que celle-là. (*il sort.*)

SCÈNE VI.

BELMONT, HORTENSE.

BELMONT.
Hortense, je viens de répondre à mon ami au gré de ses desirs, d'après la lettre que je t'ai lue hier. Il me marquait qu'il avait écrit à son fils de quitter Rouen, pour se rendre près de nous; et nous ne saurions douter que son arrivée ne fût très-prochaine. Tu n'ès plus un enfant, Hortense.

HORTENSE.
Je le sais, mon oncle.

BELMONT.

Tu le sais ? hé bien, ma chère petite nièce, il faut te disposer à recevoir Derville (car, c'est ainsi que ton futur se nomme) comme un homme qui bientôt sera ton époux. Je suis sûr qu'il te plaira ; il est jeune....

HORTENSE.

Son âge ? mon oncle.

BELMONT.

Son âge, ma foi, quatorze ans, lorsque je le vis à Lyon, chez son père, il y a environ..... oui, il y a bien dix ans, il peut avoir, maintenant, de vingt-quatre à vingt-cinq ans.

HORTENSE, *à part.*

C'est l'âge d'Armand !

BELMONT.

Il est très-aimable.

HORTENSE, *à part.*

Peut-il l'être autant qu'Armand !

BELMONT.

Tiens, pour t'en faire le portrait au juste, autant que je puis me rappeler ses traits, il doit être de l'âge et de la figure de ce jeune officier, notre voisin, qui est si poli, si affable ; je t'avouerai même qu'il a singulièremeut de ses airs, et que si je n'eusse été certain que Derville est en ce moment à Rouen, j'aurais crû qu'Armand et lui ne faisaient qu'une seule personne.

HORTENSE, *vivement.*

Quoi! mon oncle, Armand !...

BELMONT.

Comme tu prononces ce nom avec vivacité !...Tu as un faible pour l'habit militaire.

HORTENSE, *déconcertée.*

Moi, mon oncle ?

BELMONT.

Tu rougis ?... Allons, allons, remets-toi, tu n'as pas tort de l'aimer, et tu n'es pas la première.

Air : *Du faux Précepteur.*

On sait que le dieu de la guerre
Pour Vénus avait mille attraits.

HORTENSE.

Rien, comme l'habit militaire,
Ne sied à nos jeunes Français.

BELMONT.

Sur ce point-là, je le déclare,
Je dois approuver tes raisons ;
Car l'habit qui le mieux nous pare
Est celui que nous honorons.

Sois tranquille, tu n'auras rien à desirer ; car, Derville est militaire, tu seras heureuse avec lui ; j'en réponds.

HORTENSE.

Air : *Il faut des époux assortis.* (du Prisonnier.)

Pour que je trouve le bonheur,
Il faudrait, dans ce mariage,
Que je pusse obtenir le cœur
De l'objet à qui l'on m'engage.
Je vois avec effroi ce jour,
Qui peut me causer mille peines ;
Les nœuds qu'on forme sans amour
Sont toujours de pénibles chaînes.

BELMONT.

Rassure toi, ma chère Hortense.

Air : *Si Dorilas*, etc.

L'Amour est le dieu de ton âge,
Il saura combler ton désir.
On doit aimer le mariage
Lorsque l'on a su bien choisir.
Va, ta crainte est une folie,
Qui fait outrage à tes attraits ;
Jamais une femme jolie
N'eût à se plaindre d'un Français.

HORTENSE.

Mais, du moins, avant le mariage, nous aurons le tems de nous voir assez pour discerner si la différence de nos caractères n'apporte aucun obstacle à l'union que vous désirez.

BELMONT.

C'est précisément ce que je ne veux pas ; le jour de l'arrivée de Derville, sera la veille de votre mariage.

HORTENSE.

Comment ! si vîte que cela ? mais, vous n'y pensez-pas, mon oncle.

BELMONT.

Je ne m'attendais pas, Hortense, à vous trouver tant d'éloignement pour ce mariage. Auriez-vous quelque raison pour le refuser ?

HORTENSE.

Je crois...... que.... non.

BELMONT.

Vous croyez !.... Hortense, votre réserve m'afflige.

Air : *De la suite de la Cinquantaine.*

Pourquoi vouloir dissimuler ?
Ne puis-je lire dans ton âme ?
Cet hymen paraît te troubler ;
As-tu quelque secrette flâme ?   *bis.*
Quand je fais tout pour ton bonheur,
Pourquoi ne pas être sincère ?
Ne vois en moi qu'un second père,
A qui tu dois ouvrir ton cœur.   *ter.*

Tu peux voir par-tout le tableau
Des charmes de la confiance;
Près du berger, le jeune agneau
Des loups brave la vigilance.
Vois, ce bon jardinier, ici,
Soutenir cette jeune plante ;   *bis.*
Vois, à la vigne encor naissante,
L'ormeau qui prête son appui,   *bis.*
Pourquoi vouloir, etc.

HORTENSE.

Mais, un mariage aussi précipité est bien capable d'effrayer. Cependant......

BELMONT.

Tu m'obéiras, n'est-ce pas ?

HORTENCE.

N'êtes-vous pas le maître de l'orpheline qui doit tout à vos bontés ?

BELMONT.

Embrasse-moi, ma chère Hortense; j'aime à te voir dans ces sentimens.

SCENE VII.

LES PRÉCÉDENS, COCASSE, *une lettre à la main.*

BELMONT.

Que veux-tu encore ?

COCASSE.

Ah ! mon dieu ! comme il me parle !... ah ! ça, not' maître, pourquoi donc t'esque vous me traitez comme un homme du vulgaire ? c'est une éguenime.

BELMONT.

Veux-tu bien t'en aller ?

COCASSE.

Oui, c'est une éguenime, ç'en est une ; car un jeune homme de bonne famille, comme moi, se sentant ravaler, s'irrite et perd le sentiment de la parole. Enfin, not' maître, vous ne m'avez pas toujours méconnu ; nous vivions dans une parfaite liaison.

BELMONT.

Hé bien ! après ?

COCASSE.

Hé bien, not' liaison se tourne depuis qu'euqu'jours.

BELMONT.

Veux-tu bien me laisser en repos : je ne serai bientôt plus maître chez moi.

COCASSE.

Là, là, là, qu'est-ce qui vous dit ça ? est-ce que je vous renvoie ?

BELMONT.

Qu'as-tu là?

COCASSE.

Oh! ce n'est rien....; c'est-à-dire, ce n'est rien, pardonnez-moi, c'est une lettre qu'un exprès plein de poussière en livrée, qu'arrive à l'instant, vient de me remettre.

BELMONT.

Donne. (*à Hortense.*) C'est sans doute ton futur, qui nous annonce son arrivée.

COCASSE, *s'avançant par curiosité.*

Ah! oui, voyons ça.

BELMONT, *repoussant Cocasse.*

Il faut qu'il se mêle de tout. (*il décachète la lettre et la parcourt.*) Est-il possible!

COCASSE, *d'un air étonné.*

Ah! par exemple!

BELMONT.

Hortense, laisse-moi un instant.

HORTENSE.

Je me retire. (*elle sort.*)

SCENE VIII.

BELMONT, COCASSE.

BELMONT.

Et toi, descends à l'anti-chambre, et ne laisse monter personne.

COCASSE.

Monsieur, dites donc, ne pourrions-nous pas nous excepliquer?

BELMONT.

Je te chasses si tu répliques.

COCASSE.

Là! v'là le remerciage! on a ben raison de dire que le mépris engendre la familiarité.

Air : *Lorsque vous verrez un amant.*

Je vous parles pour votre bien,
Et vous me traitez comme un nègre;
Aussi, graces à ce moyen,
Depuis queuqu' tems je d'viens tout maigre.
Lorsque je veux vous résister,
Vous me lâchez quelque sottise;
Si vous ne voulez pas m'écouter,
Que voulez-vous donc que j'vous dise?

BELMONT.

Je veux que tu te taises, que tu me laisses tranquille.

COCASSE.

Hé bien, monsieur, c'est fini. (*à part.*) Je ne lui dirai plus rien à présent, qu'on enlève sa nièce ou qu'on ne l'enlève pas, ça m'est ultérieur.

BELMONT.

Que dis-tu ?

COCASSE.

Je dis que je.... enfin, suffit, je m'en vas.   (*il sort.*)

SCÈNE IX.

BELMONT, *seul.*

Et tu fais bien. Maintenant, relisons cette lettre qui m'afflige, et que je ne puis comprendre. (*il lit haut.*)
« Monsieur, empêchez le plus grand des malheurs : le jeune
» homme que vous destinez à votre nièce est, depuis un an,
» l'époux de ma fille, je me hâte de vous expédier un ex-
» près et je vole sur ses traces pour me concerter avec vous
» sur les moyens de punir un vil séducteur. »

Signé S.-HILAIRE, *Negociant à Rouen.*

C'est en effet à Rouen, que depuis 10 mois il est en garnison... A son âge, se peut-il qu'il soit aussi faux ! ah ! il ne faut pas s'en étonner, à présent, c'est l'usage. Maintenant le plus sévère pour les autres est le plus indulgent pour lui-même.

Air : *Si pour aller en Angleterre.*

Le moraliste assez sévère,
Pour condamner un trait plaisant,
Malgré cette apparence austère,
Ne m'en impose aucunement.
Je ne crois pas à ces merveilles,
A ces gens par trop vertueux,
Qui ne se bouchent les oreilles,
Que pour mieux nous fermer les yeux.

Mais, voici ma nièce, sauvons-nous : elle lirait sur ma figure que je n'ai rien de gai à lui annoncer. (*il sort.*)

SCÈNE X.

HORTENCE, *seule.*

Mon oncle semble m'éviter. soupçonnerait-il quelque chose ? faut-il que je sois réduite à le tromper ! mais aussi, faut-il renoncer à Armand, il m'aime tant ?.... Chut.... il est dans le jardin.... oh ! non, il n'y est pas ; il n'y viendra pas comme à l'ordinaire, je le lui ai défendu ce matin, et s'il oubliait mes ordres, il sait que je me fâcherais.... mais,

, il n'y vient pas, ne sera-ce pas une preuve d'indifférence ? l'indifférence ! ah ! c'est toujours là ce qu'on doit attendre des hommes.

Air : *Je vous comprendrai toujours bien.*

Nous entendons un amoureux
Jurer d'aimer toute sa vie ;
Mais, si l'amour comble ses vœux,
L'ingrat délaisse son amie.
L'amant possédant notre cœur,
Assuré de notre tendresse,
Comme il a trompé le tuteur,
Tompera bientôt (*ter.*) sa maitresse.

Ah ! si, comme tous ces méchans,
Armand doit devenir volage ;
Si, malgré ses tendres sermens,
Près d'une autre un jour il s'engage,
Dieu ! quelle sera ma douleur !

DERVILLE, *dans le jardin.*

Ne craignez rien de sa tendresse,
L'amant qui vous donna son cœur,
Aimera toujours (*ter.*) sa maitresse.

HORTENCE.

Ah ! mon dieu ! il était là !... n'importe ne lui répondons pas.... C'est pourtant bien dur quand on aime, de ne pouvoir le dire.

DERVILLE, *en déhors.*

Hortense, Hortense.

HORTENCE.

L'imprudent ! il prononce mon nom. Il faut absolument que je lui dise de se taire. (*Elle ouvre la croisée.*) Monsieur, retirez-vous, je le veux, je l'exige.

DERVILLE.

Ma chère Hortense, daignez m'écouter.

HORTENCE.

Il est inutile que vous restiez davantage, je ne vous répondrai plus. (*Elle ferme la croisée et la rouvre en faisant des signes à Derville.*)

SCENE XI.

LES PRÉCÉDENS, BELMONT.

BELMONT.

Un jeune homme s'est introduit dans mon jardin.... Que vois-je ? ma nièce lui parle ! écoutons. (*il se cache derrière le paravent.*)

HORTENCE, à Derville.

Hé bien ? que voulez-vous encore ?

DERVILLE.

C'est une lettre que je vous prie de recevoir.

HORTENCE.

Non, Monsieur, non....Ecoutez, si je la reçois, vous vous en irez ?

DERVILLE.

Je vous le jure.

HORTENCE.

Mais, comment ?

DERVILLE.

Jettez-moi un ruban.

HORTENCE.

Vous avez raison, attendez.

BELMONT.

Redoublons d'attention.

HORTENCE, *jettant un ruban qu'elle attache au balcon.*
Tenez, que je m'assure si nous ne sommes pas en danger d'être vus. (*Elle sort par la porte du fond.*)

SCÈNE XII.

BELMONT, seul.

Moi, je saisis la correspondance. Voyons un peu ce que c'est.

SCÈNE XIII.

LES PRÉCÉDENS, HORTENSE.

HORTENSE, à part.

Ciel ! mon oncle !   (*elle sort en courant.*)

SCÈNE XIV.

BELMONT, seul.

Diable ! Hortense a un amoureux dont elle reçoit des billets doux par la croisée. Il faut mettre ordre à cela. Heureusement, je tiens le nœud de l'intrigue. Lisons.

Air : *De la Croisée.*

Vous me défendez de vous voir,
De cet ordre mon cœur soupire.
Je voudrais vous parler ce soir ;
J'ai milles choses à vous dire.

Ah ! retenez votre courroux ;
Je vais, si la chose est aisée,
Pour m'introduire auprès de vous,
Monter par la croisée.

(*Sur la fin de ce couplet, Derville monte par la croisée, et appercevant Belmont, il se glisse derrière le paravent.*)

Hé bien, Monsieur, montez, ne vous génez-pas, on vous attend... faites vous connaître. (*allant à la croisée.*) Mais, il n'est pas là ; il ne peut être loin. Il faut absolument le découvrir. (*fausse sortie.*) Un moment.

Même air.

Autant que lui je suis malin ;
Je vais bien me faire connaître.
Avant de descendre au jardin,
Il faut fermer cette fenêtre.
Je réponds, monsieur l'intrigant,
Que, par ma conduite sensée,
Vous ne pourrez plus, maintenant,
Monter par la croisée.

(*Il ferme la croisée.*)

SCENE XV.
BELMONT, COCASSE.

COCASSE.

Not' maître, vous plairait-il de vouloir m'écouter un petit quart-d'heure licentieusement.

BELMONT.

Allons, viens-tu m'étourdir ?

COCASSE.

Dutout, papa Belmont, ce n'est pas moi ; mais c'est un furieux secret qui va vous étourdir, et si vous voulez que je vous le confise....

BELMONT.

Explique toi.

COCASSE.

On n'est pas sûr chez vous, c'est sûr.

BELMONT.

Que veux-tu dire ?

COCASSE.

Il y a une grande demie heure que j'ai vu un jeune officier entrer dans votre jardin.

BELMONT.

Qu'est-il devenu ?

COCASSE.

Qu'est-il devenu ? (*d'un air mistérieux*) je n'en sais rien

BELMONT.
Voilà donc tout ce que tu sais?
COCASSE.
Ah! mon dieu! oui, v'là tout.
BELMONT.
Reste ici, n'en sors pas; et si tu appercevais quelque chose, tu m'avertirais. (*il sort.*)

SCÈNE XVI.
COCASSE, DERVILLE.

COCASSE.
Ça suffit.... Il est bon là, not' maître, avec sa nièce qui me commande toujours de surveiller, comme si une fille amoureuse comme une tourterelle, n'était pas capable d'en faire accroire à dix jeunes hommes aussi malins que moi... C'est farce, comme ça donne de l'esprit aux filles, l'amour. (*appercevant Derville.*) Ah! mon dieu! le v'là.

DERVILLE.
Si tu dis un mot, je te tue sans miséricorde.
COCASSE.
Miséricorde!
DERVILLE.
Entre dans ce cabinet; et si tu t'avises de jetter un seul cri, mes pistolets sont chargés... (*Il feint de les sortir de ses poches.*)
COCASSE.
Ah! pas de bêtises, Monsieur, je n'aime pas les instrumens à vent.
DERVILLE.
Vite, dans ce cabinet.
COCASSE.
M'y v'là, m'y v'là.

(*il entre dans le cabinet, Derville l'y enferme.*)

SCÈNE XVII.
DERVILLE, seul.

VOILA une singulière avanture au moins. Comment tout cela finira-t'il?.... Eh! parbleu! c'est cela; finissons par où j'aurais dû commencer. Allons trouver Monsieur Belmont; nous jetter à ses pieds; lui dire que Derville est mon nom; que.... On vient; sortons pour ne pas être pris en flagrant délit.

SCÈNE XVIII.
DERVILLE, HORTENSE.

DERVILLE.
Ah ! c'est vous, Hortense ?
HORTENSE.
Fuyez, mon oncle me suit.
DERVILLE.
Je pars, soyez tranquille, vous me reverrez bientôt.
(*il sort.*)

SCÈNE XIX.
BELMONT, HORTENSE.

BELMONT, *sans voir Hortense.*
C'est étonnant, je ne sais ce qu'il est devenu.... Il faut qu'il ait escaladé les murs du jardin.
HORTENSE, *à part.*
Pourvu qu'il ne l'ait pas apperçu !
COCASSE, *à la croisée du cabinet.*
M. Belmont, not' maître, ouvrez-moi, s'il vous plaît.
BELMONT.
Que fais-tu là ?
COCASSE.
Vous voyez, je prends l'air.
BELMONT.
Qui t'a mis là ?
COCASSE.

Air : *Nous nous marierons dimanche.*

    Ce jeune officier
    Est diable ou sorcier,
J'vous en avertis, not' maître.
    J'ai vu le moment
    Qu'y m'faisait, vraiment,
Sauter par cette fenêtre.
    J'veux l'empêcher
    De s'approcher,
      Il m'traite
    Comme un benêt.
    Dans ce cabinet,
      Pas bête !
    Craignant les effets
    De ses pistolets,
Vite je bas en retraite.

Il m'enferme, et me v'là.
BELMONT, *lui ouvrant.*
C'est singulier !.... Je prétends savoir, Hortense...

SCÈNE XX.

Les précédens, Un VALET.

LE VALET.

Monsieur, un jeune homme, disant se nommer Derville, demande à vous parler.

(*Tous ensemble.*)

Derville!

BELMONT.

Qu'il entre.

HORTENSE, *à part.*

Je tremble!

COCASSE.

C'est le futur?

SCÈNE XXI ET DERNIERE.

Les précédens, DERVILLE.

C'est Armand!

COCASSE, *à part.*

C'est le diable!

BELMONT, *à part.*

Qu'est-ce que cela veut dire?

DERVILLE.

Souffrez, monsieur, que j'implore de votre indulgence, un pardon que je tremble de ne pas obtenir.

BELMONT, *à part.*

Sait-il que j'ai reçu une lettre?

DERVILLE.

L'amour m'a fait commettre une faute que je brûle de réparer. J'adore la charmante Hortense, et pour jouir plus souvent du bonheur d'admirer ses charmes, j'ai quitté Rouen, où mon régiment se trouve en garnison, et, sous le nom d'Armand, je me suis présenté chez vous.

COCASSE, *à part.*

Qu'est-ce qu'il conte donc?

HORTENSE, *à part.*

Armand et Derville seraient-ils le même?

BELMONT.

Avant de vous accorder le pardon que vous me demandez, souffrez, monsieur, que j'exige les preuves que vous vous nommez Derville.

DERVILLE, *tirant de sa poche un porte-feuille.*

Je ne puis vous offrir que ce porte-feuille rempli des lettres de mon père.

HORTENSE, *à part.*

Quel espoir!

COCASSE, *à part.*

Je n'y comprends rien.

BELMONT.

C'est bien l'écriture de mon ami. (*lui rendant son portefeuille.* Maintenant, monsieur, que je suis convaincu que vous vous nommez Derville, (*tirant de sa poche une lettre.*) reconnaissez-vous cette lettre?

DERVILLE.

Oui, monsieur, cette lettre est de moi. Sachant que vous me préfériez un rival, et ignorant son nom, j'ai employé ce stratagême.

BELMONT.

Quelles preuves me donnerez-vous?

COCASSE.

Ah! oui, quelle preuve il nous en donnera, c'est ce qu'il faut voir.

DERVILLE, *va au secrétaire et écrit.*

Voyez, monsieur, si c'est la même écriture?

COCASSE, *s'avançant.*

Ah! oui, c'est ben son seing, c'est ben ça.

BELMONT, *repoussant Cocasse.*

En effet. (*partant d'un éclat de rire.*) Ah, ah, ah, ah, venez dans mes bras, mon cher Derville, vous vous êtes donné bien du mal pour rien.

DERVILLE.

Comment?

BELMONT.

Reconnaissez dans Hortense, l'épouse que votre père vous destinait.

DERVILLE.

Est-il possible?

BELMONT.

Très-possible.

Air : *Jardinier ne vois-tu pas.*

Craignant que pour son mari,
Dans votre erreur extrême,
Un autre ne fût choisi,
Vous calomniâtes....

DERVILLE,
Qui?

BELMONT.
Vous-même.

DERVILLE,
Moi-même!

BELMONT.
Vous-même.

Lisez cette lettre.

DERVILLE.

C'est de mon père!

BELMONT.

Sans doute, et si vous eussiez été à Rouen, vous en auriez reçu une semblable.

DERVILLE.

O ma chère Hortense! nous ne serons plus séparés.

HORTENSE.

Quel bonheur!

BELMONT.

Vous le voyez, mes enfans, vous vous seriez épargné bien des chagrins, si vous n'eussiez point usé de dissimulation avec moi; mais, ce n'est pas le moment de vous attrister.

COCASSE.

Ah ben, ah ben, ah ben, je reste-là, moi; Mam'zelle que v'là, va donc épouser monsieur, qu'est monté par la croisée que v'là. Dans mon roman, l'amant monte ben par la croisée; mais il se casse les reins en tombant dans la rivière, et malgré cela, je ne veux épouser qu'une innocence, comme dans mon livre, et je n'en serai pas jaloux comme le tyran.

BELMONT.

Et tu auras raison; car, sans l'envie et la jalousie, tous les hommes seraient heureux.

VAUDEVILLE.

Air : *De la Jeanne.* (Contre-danse.)

Exilons de ces lieux
Et l'envie,
Et la jalousie;
Il faut, pour être heureux,
Sur nos défauts, fermer les yeux.
Si ton époux
Devient jaloux,
Excuse sa faiblesse,
Plains son erreur,
Mais sans aigreur,
Car, la douceur
Est le chemin du cœur.
Exilons de ces lieux, etc.

DERVILLE

Fidèle époux,
Et près de vous,
Toute ma vie
Exempt de jalousie;
Je vis joyeux,
Car, jeune ou vieux,
On est heureux
Tant qu'on est amour
Exilons de ces lieux, etc

COCASSE.

C'est mon avis,
Mais les maris,
Par habitude,
Ont de l'inquiétude.
Plus d'un fâcheux
Ouvrant les yeux
Perd son trésor
Et n'y voit goutte encor.
Exilons de ces lieux, etc.

HORTENSE, *au Public.*

Nos deux auteurs,
Dans leurs terreurs,
Pour leur ouvrage
Ont grand peur du naufrage.
Vous réjouir
Est leur envie;
Mais soyez généreux,
Sur leurs défauts, fermez les yeux.
Vous voir rire, etc.

www.ingramcontent.com/pod-product-compliance
Lightning Source LLC
Chambersburg PA
CBHW060558050426
42451CB00011B/1968